I0123069

Des Loteries.

M. l'Évêque d'Autun.

B.Z
E. SENNE
059

DES LOTERIES.

PAR M. L'ÉVÊQUE D'AUTUN.

BIBLIOTHÈQUE NATIONALE
FONDS
RÉSERVE
N° 1286
IMPRIMÉ

A PARIS,

Chez BARROIS l'aîné, Libraire, quai des
Augustins, n°. 19.

M. DCC. LXXXIX.

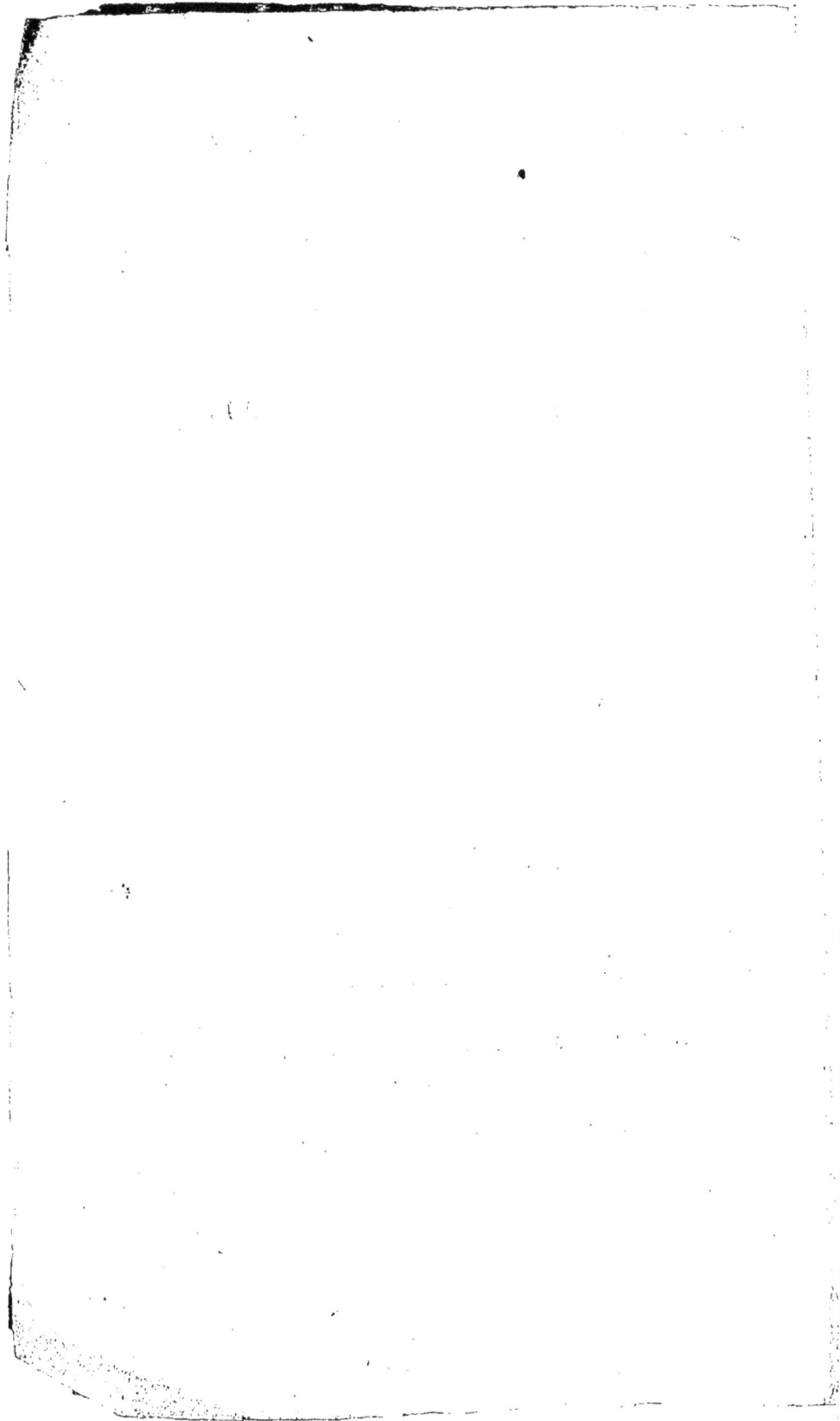

DES LOTERIES.

L A nature a destiné les hommes au travail, puisqu'en les soumettant à des
besoins toujours renaissans, elle n'a
voulu leur accorder que ce seul moyen
d'y pourvoir entièrement.

Mais dans tous les temps, l'homme
avide et paresseux a voulu consommer
sans se donner la peine de produire :
il a convoité le travail d'autrui ; et de
ce désir contenu par les lois, a dû se
former, dans l'état de société, la passion
du jeu, comme offrant les ressources
les plus promptes pour se procurer des
richesses qu'on n'a pas concouru à faire
naître.

Il n'est question ici que des jeux de
hasard, les seuls en effet qui écartent
toute idée de travail : et même dans
un sujet aussi étendu, je me bornerai
à parler des Loteries. Je vais prouver

A ij

qu'un tel jeu est à-la-fois, et au plus haut degré, injuste et immoral, et qu'aucun prétexte ne peut le sauver d'une entière proscription.

Il ne faut pas confondre avec ces Loteries, celles qui font partie des emprunts publics, et qui y sont tellement attachées, qu'elles en forment la dénomination. Un emprunt en Loterie quoique, sous plusieurs rapports, hors des véritables principes, diffère pourtant des Loteries proprement dites, dans lesquelles l'alternative des joueurs est toujours placée entre la perte entière des mises, et la faveur particulière d'un petit nombre de chances. Dans l'emprunt en Loterie, le joueur consent à placer son argent à un intérêt plus foible, dans l'espérance d'un lot en sus de cet intérêt qui est commun à tous les prêteurs. Toute la perte est donc dans cette diminution générale d'intérêts, dont se compose la fortune du petit nombre de

ceux que le sort favorise ; en sorte que,
dans cette espèce de jeu, non-seulement tout le profit est versé sur les
joueurs, mais même que le sort y
est forcé d'être favorable aux uns,
sans pouvoir jamais être entièrement
funeste aux autres.

Toute autre Loterie est, par sa nature, fondée sur les espérances qu'elle
donne et sur le profit assuré qu'elle per-
çoit. Le gain de chaque joueur est éven-
tuel ; la perte de tous les joueurs réunis
est certaine ; par conséquent, les bénéfices de la Loterie sont infaillibles. Tel
est son caractère constitutif ; tel est
le principe évident de son injustice. Et
quand même on garderoit quelque me-
sure d'équité dans ses combinaisons ;
quand même, par la plus chimérique des suppositions, la Loterie re-
nonceroit entièrement à ses profits pour
en accroître les chances des joueurs,
elle cesseroit d'être injuste, sans cesser
d'être condamnable. Dès le moment où

toutes les classes de Citoyens seroient invitées à ce jeu par la facilité des mises, il en résulteroit un grand mal social : ce jeu, à proprement parler, ne feroit plus des dupes, mais toujours il feroit des malheureux ; toujours il s'alimenteroit de la substance du pauvre ; toujours il feroit consumer le temps en d'extravagantes spéculations.

Or, s'il est certain que même l'égalité la plus parfaite entre les mises totales et les chances ne pourroit justifier entièrement les Loteries, que faut-il donc penser de celles dont les profits sont à-la-fois infaillibles et énormes ; de celles sur-tout dont les inventeurs ont épuisé l'art le plus savant, pour cacher les bénéfices immenses à la crédule ignorance du peuple, et pour enflammer en même temps sa folle cupidité ?

Il faut croire qu'on ne prévit pas d'abord tout ce que l'institution des Loteries entraîneroit de maux avec elle. Séduit par des intérêts momentanés, ou même par des vues de bienfaisance que toujours on a eu l'art de lier à ces établissemens, on imagina sans doute que le seul superflu des riches iroit se perdre dans ces combinaisons, et que le pauvre, loin d'en être la victime, pourroit même en recueillir quelque fruit : et lorsque ensuite on n'a pu se dissimuler les intolérables abus de ce jeu, telle est la fatale influence des habitudes les plus vicieuses, qu'il n'a cessé de subsister, quoiqu'il ait été constamment flétri dans l'opinion des hommes sages et des Administrateurs éclairés.

Mais c'est bien vainement qu'on a voulu trouver quelque excuse à ce jeu, dans la destination d'une partie de ses profits à des institutions de piété et d'utilité publique : depuis quand l'usage d'un bien en a-t-il donc purifié la source ? sophisme injurieux, qui semble accuser d'avarice et d'insensibilité tout un peuple généreux et sensible ! Comme si la pitié ne pouvoit plus être excitée que par un sentiment abject; comme s'il falloit nécessairement tromper les hommes pour les rendre humains; qu'on ne pût les conduire à la bienfaisance que par la cupidité, et que nous fussions réduits à l'avilissante nécessité d'implorer le vice, pour lui faire remplir les fonctions révérées de la vertu!

Pour se pénétrer des abus révoltans des Loteries, pour bien concevoir à-la-fois toutes les ruses qu'elles ont inventées, tous les pièges qu'elles tendent à la crédulité du peuple, et tous les désordres qu'elles traînent à leur suite, il faut attacher ses regards sur la Loterie Royale de France. Jamais, peut-être, aucune institution n'a présenté au Législateur autant de signes de réprobation que cette Loterie, qui, sous l'abri de son nom auguste, semble braver la censure publique.

Cette assertion est fondée sur les calculs les plus rigoureux. En voici les résultats.

La Loterie Royale est combinée de telle sorte, qu'on y peut jouer, et qu'on y joue en effet à chaque tirage de sept manières différentes.

Dans la première, le bénéfice calculé de la Loterie est d'un sixième de la mise des joueurs, c'est-à-dire, que sur six qu'elle reçoit du public, elle en remet cinq pour en former les lots qu'elle lui distribue; ou, ce qui revient au même, son profit est de $16\frac{2}{3}$ sur 100. Ce profit, déjà extrêmement usuraire, va s'accroître avec un excès inconceuable dans les autres manières de jouer à cette Loterie. *Extrait simple.*

Dans la seconde de ces manières, elle retient 23 sur 100. *Extrait déterminé.*

Dans la troisième, environ $32\frac{1}{2}$ sur 100. *Ambe simple.*

Dans la quatrième, $36\frac{1}{2}$. *Ambe déterminé.*

Dans la cinquième, $53\frac{1}{5}$. *Terne.*

Dans la sixième, $85\frac{2}{3}$. *Quaterne.*

Dans la septième enfin, oseroit-on l'imaginer! elle retient 97 et près de $\frac{3}{4}$ *Quine.*

sur 100. En sorte que le public, consi-
déré en masse et jouant dans cette dernière combinaison, est précisément
dans le cas d'un particulier qui joueroit
à pair ou non, à condition qu'il paye-
roit 100 liv. chaque fois qu'il perdroit,
et qu'il recevroit 2 liv. 5 sols et quelques deniers chaque fois qu'il gagne-
roit : et la preuve en est sensible, puis-
que pour s'assurer d'obtenir 200,000 liv.
par cette combinaison, il est démontré
qu'il faut commencer par donner à la
Loterie, avant le tirage, près de 44 fois
200,000 livres, ou, plus exactement,
8,789,853 liv. 12 sols. C'est sur cette
somme énorme qu'après en avoir dis-
posé quelque temps, la Loterie veut
bien consentir à rendre pompeusement
200,000 liv. : et c'est dans cette combinaison dévorante, qu'on ose inviter le
peuple ignorant et crédule, à placer
quelques pièces de monnoie encore
trempées des sueurs de son front, en
l'enivrant du chimérique espoir de ce

Quine, qui exalte les têtes jusqu'à la démence.

Mais, comme en s'arrêtant à cette dernière combinaison, qui en effet est la plus défavorable de toutes pour le public, on pourroit craindre de se faire de l'injustice totale de la Loterie, une idée beaucoup trop exagérée, il importe, pour connoître l'ensemble de la Loterie, de réunir toutes les manières possibles d'y jouer, et de supposer, par exemple, qu'un particulier voulant obtenir à lui seul les différens lots qu'elle propose, place une livre tournois sur chacune des combinaisons différentes que présente chacune des sept manières d'y jouer : dans cette supposition, qu'on a sans doute le droit de faire, on arrive à un résultat presque aussi effrayant, puisqu'il est mathématiquement prouvé que ce particulier sera tenu de livrer d'abord à la Loterie 45 millions et plus de 700 mille livres ; qu'après le tirage, il lui sera

rendu par cette même Loterie moins
d'un million et demi, et que par conséquent le bénéfice de la Loterie sera
de 44 millions et plus de 200 mille liv.;
ce qui donne, pour la totalité des combinaisons, un profit de 96 un peu plus
de $\frac{3}{4}$ sur 100. Et voilà sur quelle base
est établie la Loterie Royale de France.

A chaque tirage, il est vrai, on ne
joue pas sur toutes les combinaisons
possibles, et particulièrement sur les
combinaisons presque innombrables
du quine, les plus avantageuses de toutes à la Loterie. Il est vrai aussi qu'on ne
place pas des sommes égales sur chaque
combinaison ; ce qui rend le calcul rigoureux moins applicable aux effets
de cette bizarre Loterie, et donne réel-
lement pour chaque tirage un terme
moyen de perte générale inférieur à
celle que présente le calcul: mais si ces
chances ne sont pas toutes prises, ni
toutes également, certes ce n'est pas
la faute de la Loterie, qui ne cesse de

les proposer toutes indifféremment ;
mais à la longue il peut arriver qu'elles
le soient ; mais enfin telle est la constitution bien véritable de cette Loterie.

Veut-on rendre plus sensible encore
l'injustice odieuse de la Loterie Royale
de France ? qu'on la compare avec les
jeux de hasard, même les plus décriés,
tels que les jeux de *Belle* et de *Biribi*,
ces jeux si publiquement avilis, qu'on
ose à peine en rappeler ici les noms.

Le jeu de *la Belle* étoit, dans son principe, composé de 106 numéros, dont
un seul gagnoit et valoit au joueur 96
fois sa mise. Le bénéfice des Banquiers
étoit donc de 10 sur 106, ou, ce qui
revient au même, de $9\frac{23}{53}$ sur 100. Ce
bénéfice, si modéré en comparaison de
celui de la Loterie, parut tellement
scandaleux, même aux Banquiers, que
de leur propre mouvement, ils le rédui-
sirent à 8 sur 104, ou $7\frac{9}{13}$ sur 100. Cependant, même après cette réduction,
ce jeu continuoit à ruiner les joueurs.

Pour arrêter ses ravages, la Police se vit obligée de le proscrire, et tous les jeux de *la Belle* furent supprimés.

Il est aisé de voir jusqu'à quel point la Loterie royale est intrinséquement plus vicieuse que ce jeu. La combinaison de la Loterie, la moins défavorable au public, assure pourtant à l'administration un bénéfice de $16\frac{2}{3}$ sur 100, comme nous l'avons déja remarqué, c'est-à-dire, plus que le double de celui de *la Belle*; et en réunissant toutes les combinaisons de la Loterie, nous avons vu qu'il en résulteroit pour elle, dans le cas où elles seroient toutes prises une fois également dans le même tirage, 96 et plus de $\frac{3}{4}$ sur 100. Ainsi, s'il étoit possible à un joueur de répartir uniformément 100 liv. sur toutes ces combinaisons, il ne recevroit après le tirage que 3 liv. et un peu moins de 5 sols, même en gagnant le quine et tous les autres lots, tandis qu'il recevroit de *la Belle* 92 liv. et plus de 8 sols. Le rapport de ces deux sommes exprime dans cette supposition la défaveur respective des deux jeux ; et puisqu'elles sont entre elles comme 1 à 28 et plus d'un tiers, il suit que si l'injustice totale du jeu de *la Belle* peut être exprimée par 1, on est autorisé à exprimer par plus de 28 celle de la Loterie royale.

Par un procédé semblable, on établiroit que le jeu de *Biribi*, dont le profit est de 6 sur 70, ou de 8 $\frac{4}{7}$ sur 100, est 27 fois moins injuste que la Loterie considérée dans l'ensemble uniforme de toutes ses combinaisons ; et cependant l'un et l'autre de ces jeux ont été déclarés infâmes.

Croiroit-on maintenant que par de nouveaux traits, on pût flétrir la Loterie royale ! Il faut pourtant ajouter que cette Loterie est combinée avec une telle adresse, que, malgré sa révoltante injustice, elle est venue presque à bout d'enchanter les esprits ; que le peu de numéros qu'elle emploie en compa-

raison des autres Loteries, est une première amorce grossière, à laquelle le
grand nombre des joueurs s'est laissé
prendre ; que l'artifice des combinaisons dans lesquelles elle s'enveloppe,
est un piège non moins sûr pour attirer d'abord les joueurs et pour leur inspirer ensuite une persévérance effrénée dans le malheur ; que par cette
variété presque infinie de combinaisons, étant la seule qui permette à l'esprit une sorte d'usage de ses facultés,
elle a eu l'art d'intéresser l'amour-pro-
pre dans le jeu de hasard le plus rui-
neux, et de l'aveugler à tel point, qu'il
n'est peut-être aucun joueur qui, ridi-
culement attaché à certaines combinaisons dont il s'attribue la gloire, ne
se persuade follement qu'avec de la
constance et des mises toujours crois-
santes, il viendroit facilement à bout
d'enchaîner la fortune, ou même de
ruiner la Loterie.

Il faut ajouter que telle est la com-
position

position insidieuse de cette Loterie, que les combinaisons qui sont les moins défavorables au public, ne laissant espérer que des lots peu considérables, le peuple, uniquement avide de gros lots, les dédaigne presque généralement, pour se précipiter avec une fureur aveugle vers celles qui assurent à la Loterie des bénéfices immenses.

Il faut ajouter que dans la crainte sans doute que l'intervalle d'un mois entre deux tirages ne refroidît les joueurs ; pour tenir leur désirs en haleine, pour accroître leur ardeur par l'espérance d'un prompt retour de fortune, et en effet pour les ruiner avec plus de certitude, on n'a pas craint, par une exception particulière, de doubler le tirage de cette Loterie dans chaque mois, et que par là, on a au moins doublé ses ravages.

Il faut ajouter que cette Loterie, par une cruelle complaisance, admettant à-la-fois, et les mises les plus modérées

B

et des sommes considérables sur une
seule combinaison, sur un seul numéro,
semble avoir été inventée pour se
jouer, et de la misère des pauvres, et
de la fortune des riches.

Et comme si tous ces moyens de sé-
duction ne suffisoient pas, il faut ajouter enfin, qu'on ne cesse d'entretenir
l'ivresse générale, en répandant de toutes parts des livres, des almanachs, où
chacun va chercher les combinaisons
les plus superstitieuses ; que l'on corrompt la raison du peuple par les rêve-
ries des pressentimens, par l'absurde
interprétation des songes ; qu'on en-
flamme son imagination par mille ré-
cits mensongers, et que l'on achève de
l'étourdir par des provocations bruyan-
tes, par des cris extravagans, par des
ornemens de fête, par le son des ins-
trumens, par le bruit des fanfares, etc.

Ainsi les pièges sont semés de toutes
parts sous les pas de l'ignorance ; ainsi
la ruse succède à la ruse ; ainsi rien

n'est épargné pour séduire toutes les classes de citoyens , et sur-tout pour tromper le pauvre , que des ruses bien moins savantes eussent si facilement égaré dans les routes de l'espérance. Si le malheureux est une chose sacrée , quel crime n'est-ce pas d'abuser ainsi de sa crédulité et de sa misère !

Et voilà cette Loterie , qui subsiste avec éclat, dans le même lieu où la surveillance paternelle du Roi a sévèrement proscrit tous les jeux de hasard à *chances inégales !....* Créée sous le nom d'un établissement célèbre , elle fit d'abord en partie les frais de l'éducation militaire ; et l'on vit une école faite pour inspirer des sentimens d'honneur , entretenue du produit d'une institution que le véritable honneur réprouvoit. Lorsque ensuite ses bénéfices se furent accrus au-delà de toute espérance , alors elle passa toute entière dans les mains du Gouvernement : un jeu de hasard devint une branche des revenus publics, et l'on s'accoutuma à cette étrange métamorphose, en se persuadant follement que la Loterie pouvoit être regardée comme un impôt libre et volontaire.

Un impôt! Quel impôt que celui qui ne peut être prélevé qu'autant qu'on égare la raison des peuples! Quel impôt que celui qui fonde ses plus grands produits sur le délire ou sur le désespoir! Quel impôt que celui que le plus riche propriétaire est dispensé de payer, et que les hommes vraiment sages, que les meilleurs Citoyens ne payeront jamais! Un impôt libre!.. Étrange liberté que celle qu'on suppose exister au milieu des amorces les plus séduisantes! Chaque jour, à chaque instant du jour, on crie au peuple qu'il ne tient qu'à lui de s'enrichir avec un peu d'argent; on propose un million pour vingt sols au malheureux qui ne sait pas compter, et qui manque du nécessaire; et le sacrifice qu'il fait à ce fol espoir, du seul argent qui lui reste, est un don libre et volontaire! C'est un impôt qu'il paie à l'État!

Non; toute Loterie n'est et ne peut être qu'un moyen cruellement abusif d'attirer l'argent du peuple en se jouant de sa crédulité. Je dis toute Loterie: car celles qui subsistent en France avec la Loterie Royale, sous le nom de *Piété* et des *Enfans-trouvés*, ne peuvent, non plus que leur rivale, échapper à cette juste imputation. Elles sont, il est vrai, moins redoutables qu'elle, parce que leur bénéfice est de beaucoup inférieur; qu'elles n'offrent à l'esprit aucune combinaison qui amorce, et que chaque numéro ne supporte qu'une mise modique et constamment la même; mais pourtant elles détournent de sa véritable destination tout l'argent que le peuple y sacrifie; mais elles font supporter l'entretien des établissemens auxquels elles sont consacrées, à la classe du peuple qui doit le moins acquitter

B iij

cette charge ; mais enfin le profit certain de l'une et de l'autre est de près de 21 sur 100, ou, plus exactement, de 20 $\frac{5}{6}$ sur 100. Et par toutes ces raisons, ces deux Loteries ne peuvent survivre à la destruction de la Loterie Royale de France.

Maintenant, sera-t-il difficile de prouver que la Loterie, et sur-tout la Loterie Royale de France est aussi immorale, aussi corruptrice, qu'elle est injuste ?

N'est-il pas évident qu'un jeu qui allume jusqu'au délire la cupidité de la multitude, qui fascine l'esprit du peuple jusqu'à lui persuader qu'infailliblement il trouvera pour prix de sa persévérance, je ne dis pas seulement le moyen d'améliorer son état, mais celui d'en sortir tout-à-coup par une fortune immense (car c'est toujours là l'ambition insensée du peuple) ; n'est-il pas évident que ce jeu, après lui avoir ravi tout le fruit de ses épargnes, tout l'argent qu'il possède, le livre à chaque instant à la tentation d'en obtenir par toutes sortes de voies? Car il ne faut pas perdre de vue que, par une suite presque nécessaire de l'artificieuse combinaison de cette Loterie, celui qui d'abord n'a risqué que des mises légères, se trouve bientôt entraîné dans des mises considérables; que, victime de l'illusion la plus folle, et pourtant la plus ordinaire, il s'attache d'autant plus à une combinaison, que plus long-temps elle lui a été funeste; qu'il se regarde même comme obligé à de nouveaux sacrifices, pour ne pas perdre le fruit des anciens; qu'en conséquence, il charge et recharge sans cesse les mêmes numéros, dans l'intime persuasion qu'ils céderont enfin à sa persévérance, et que, par l'ancienneté de leur sortie, ils acquièrent chaque jour de nouveaux titres pour reparoître avant les autres: comme si dans un pareil jeu, l'avenir pouvoit en quelque manière dépendre du passé; que des

B iv

billets toujours les mêmes, agités au hasard, fussent contraints dans leurs mouvemens par les tirages précédens, et qu'un numéro, parce qu'il n'a pas paru depuis un certain nombre de tirages, dût plus facilement que tout autre en particulier, s'offrir au tirage suivant sous la main indifférente de l'enfant qui va les prendre. De là, presque nécessairement après chaque tirage, des fraudes, des injustices, des infidélités sans nombre, pour ravoir un argent plus que jamais indispensable, ou même pour satisfaire cette insatiable passion, que le malheur n'a fait qu'irriter. Par elle, chaque jour les enfans deviennent furtivement coupables envers leurs parens, les époux envers les épouses, les domestiques envers les maîtres; et, ce qui fait frémir, c'est qu'il est bien reconnu qu'un grand nombre d'entre eux avoient vécu irréprochables jusqu'au moment où ils se sont abandonnés à la déplorable passion de ce jeu.

N'est-il pas évident que lors même que la Loterie ne précipite pas dans le crime, son effet habituel est de rendre au peuple sa condition insupportable; de relâcher dans sa famille les liens domestiques, si nécessaires à son bonheur; d'éteindre en lui les goûts honnêtes, toute émulation louable, tout esprit d'ordre, d'économie, tout amour du travail. Voyez comme le marchand est détourné de son commerce; l'ouvrier, de ses travaux; la mère, du soin de ses enfans, dont les cris l'importunent; tout un peuple, de ses occupations journalières: une pensée unique travaille tous les esprits; de l'or, des monceaux d'or gagnés sans peine: c'est à cette funeste pensée qu'on livre deux fois par mois tous les sujets de l'État, et principalement (car on ne peut trop le répéter), ceux à qui le travail et l'économie sont le plus nécessaires, et chez qui le désespoir et la misère ont toujours eu les plus terribles conséquences.

N'est-il pas évident enfin que la Loterie est, de tous les jeux réprouvés, celui qui insulte le plus ouvertement aux mœurs publiques? Car, dans les maisons de jeu, même les plus décriées; dans ces maisons, où une jeunesse imprudente va perdre, souvent sans retour, ses mœurs et ses principes, et où tous les cœurs semblent fermés à la pitié; soit fierté, soit un reste de pudeur, du moins on rougiroit d'admettre le pauvre couvert des lambeaux de la misère, qui viendroit compromettre les foibles ressources de son existence; et c'est particulièrement sur les malheureux que la Loterie, plus impitoyable, fonde ses espérances. Non contente de recevoir de leurs mains, lorsqu'ils se présentent, quelques pièces de monnoie qu'ils se volent en quelque sorte à eux-mêmes, elle s'empresse d'aller au-devant d'eux; elle les appelle; elle les presse; elle les sollicite; elle les poursuit dans les campagnes; elle pénètre jusques dans leur réduit, et par mille séductions, elle parvient à leur faire une véritable violence.

Depuis long-temps le Gouvernement travaille à extirper un des maux les plus funestes des grands États, la mendicité; et il n'est point de Citoyen qui n'ait applaudi dans son cœur à ces vues pures et bienfaisantes : mais si la Loterie subsiste toujours; si plusieurs fois par mois, la classe la plus malheureuse parmi les Citoyens, est sollicitée, par des amorces presque irrésistibles, à sacrifier dans ce jeu perfide tout ce qu'elle possède, et souvent bien plus qu'elle ne possède, il est rigoureusement démontré que le vice de la mendicité devient entièrement irrémédiable; qu'étant le fruit naturel de la misère et de la paresse, il doit nécessairement se perpétuer et s'accroître par une institution qui, en même temps qu'elle ruine tant de malheureux, leur inspire un dégoût invincible pour le travail, et

que par conséquent, la Loterie Royale
de France en fera toujours plus en un
mois pour conserver la mendicité, que
n'en feront dans plusieurs années les
efforts les mieux concertés de l'Administration pour la détruire. Et si parmi
tous ceux que la Loterie dépouille,
plusieurs résistent à la tentation d'augmenter la foule des mendians, il est
également certain qu'ils sont du moins
réservés à devenir un jour les far-
deaux de la société, puisqu'en leur ra-
vissant tout le fruit de leur économie
dans le temps du travail, la Loterie nécessairement en surcharge les hôpitaux
dans le temps de leur vieillesse.

Mais ce n'est pas seulement dans la
famille du pauvre et dans la classe du
peuple, que la passion de la Loterie fait
de terribles ravages; elle est aussi une
source féconde de malheurs dans les
classes plus élevées de la société : et par
combien de faits déplorables n'en avons-
nous pas acquis la preuve! Combien

d'hommes attachés à des maisons de commerce, à des caisses de gens d'affaires; combien de particuliers chargés d'une grande comptabilité, ont disparu subitement de nos jours en jetant le désespoir dans l'ame de leurs commettans et l'effroi dans le sein de leurs familles! Quels étoient donc les déportemens de ces hommes, dont souvent la vie entière montroit de la sagesse, de l'intégrité, et dont les mœurs pures sembloient interdire tout soupçon d'inconduite? Long-temps les recherches ont été vaines : toutes les traces sembloient avoir disparu; on s'égaroit en conjectures, lorsque enfin un amas de billets déchirés et découverts par hasard, a décelé la cause de tant de malheurs.

Peut-on, après tant d'exemples de ce genre, s'étonner de l'esprit de méfiance qui, de plus en plus, ferme les cœurs, isole les particuliers, et engourdit la société? Depuis que l'on sait qu'il existe un moyen ténébreux de dissipation et de ruine , qui souvent a séduit des ames vertueuses , la confiance de citoyen à citoyen a dû nécessairement s'affoiblir. La conduite extérieure , une bonne renommée, ne sont plus des garans qui rassurent entièrement ; et si l'honnête homme devient suspect à l'honnête homme , il n'a pas même le droit de s'irriter de ce soupçon : car que pourroit-il opposer au sentiment inquiet qui le fait naître? Tous les autres vices qui tendent à subvertir les fortunes sont annoncés par des caractères sensibles ; les parens , les amis , l'œil sévère et vigilant du public peuvent en imposer ; la destruction s'annonce par degrés ; elle peut quelquefois être arrêtée ; elle est du moins toujours prévue. Mais la passion de la Loterie ! nul caractère , nul symptôme ne la fait connoître ; elle se dérobe à tous les regards ; elle fuit même ceux de l'amitié ; car quel homme osa jamais confier à son emi les sacrifices insensés qu'il faisoit

à cette passion? C'est une plaie in-
térieure et profonde, qui ne devient
visible que lorsque le mal est sans re-
mède : on ne peut, par aucun moyen,
discerner ceux qui en sont frappés;
et une grande défiance est l'effet iné-
vitable de cette affligeante incertitude.

Il est donc vrai que, dans toutes les
classes de la société, la Loterie fait sentir
sa coupable influence; qu'elle atteint
ceux-là même, qui ont su résister à ses
séductions, et que par-tout elle sème
le trouble, le désordre, la méfiance,
le désespoir, et souvent même les plus
grands crimes : car s'il est incontestable
que presque tous les crimes sont dus
à la cupidité, n'est-ce pas une conséquence nécessaire qu'un grand nombre
a dû naître d'une institution qui sans
cesse et l'irrite et la trompe? Que l'on
invoque le témoignage des Magistrats;
que l'on s'adresse aux Ministres de la
Religion : ils diront tous, combien elle
a précipité de malheureux dans les ca-

chots ; combien elle a grossi le nombre des criminels publics ; combien d'hommes enfin ont péri dans les derniers supplices, qui eussent vécu bons pères, bons maris, bons citoyens, si la Loterie Royale de France n'eût jamais existé!

Pourroit-on ne pas déplorer ici une désastreuse calamité qui fait verser tant de larmes à la religion et à la patrie! Ce dégoût affreux de la vie qui brave toutes les lois; cette maladie terrible qui sembloit nous être si étrangère, paroît depuis peu comme naturalisée dans nos climats. Que de ravages n'a-t-elle pas faits dans ces dernières années! Avec quelle effrayante rapidité ne se sont pas succédés sous nos yeux tous les genres de suicide! Jusques-là même que ces événemens qui, jadis, jetoient l'épouvante dans toute une ville, et laissoient dans les esprits une longue et profonde impression, semblent, par leur fréquent retour, avoir perdu le droit d'émouvoir la multitude.

Parmi

Parmi les causes de cette révolution, la Loterie, n'en doutons point, doit occuper un des premiers rangs. Des faits nombreux, que cent mille voix ont publiés, en sont la preuve irrésistible. Et qui oseroit s'en étonner! Que l'on se représente tous ces malheureux que, de piège en piège, la Loterie a enfin précipités dans la misère, dévorés de chagrins, tourmentés de remords, et qui, trop honnêtes peut-être pour tenter des ressources coupables en devenant criminels sur autrui, trouvent jusques dans une apparente vertu, le prétexte de l'être sur eux-mêmes. Que l'on se peigne sur-tout un père désolé que la Loterie a conduit au terme fatal où, par aucune voie, il ne peut échapper à l'indigence qui va frapper en même temps toute sa famille, et l'on frémira du parti désespéré dans lequel la Loterie peut si facilement entraîner. Aussi la voix publique est-elle toujours prête à l'accuser de ces

C

malheurs. Un homme s'est-il donné la mort? interrogez le peuple : c'est la Loterie qui l'a perdu, vous dira-t-il le plus souvent. Voilà le cri général. Dès qu'on ignore la cause, c'est presque toujours la première qui s'offre à l'esprit : tant il est reconnu que la Loterie est un des principes les plus féconds de ces évènemens déplorables! et cependant, ce même peuple, par un étrange aveuglement que nourrissent sans cesse en lui les funestes illusions de la Loterie, va tranquillement après compromettre, dans ce cruel jeu, son repos, son aisance et son bonheur. Cette institution est tellement incompatible avec toute idée de bien, que les malheurs qu'elle enfante, n'ont pas même le triste avantage de devenir jamais une leçon utile.

Quels sont donc les titres qui parlent en faveur de la Loterie? Par quels biens, par quels avantages peut-elle expier tant de malheurs? Quelle est du moins l'ap-

parente utilité qui puisse lui faire par-
donner cette foule de maux qu'elle traîne
à sa suite? Osera-t-on dire que si elle
ruine un grand nombre de joueurs, plusieurs aussi trouvent en elle leur fortune
et leur bonheur? Sans doute on peut citer
un petit nombre de particuliers qui ont
gagné des lots considérables; mais cette
faveur-là même, à quoi sert-elle le plus
souvent? A irriter la cupidité du joueur,
à augmenter son fol espoir, à accroître
son imprudente crédulité. Dès-lors il
se regarde comme appelé à une fortune
sans bornes : et qui pourroit y mettre
obstacle? sa destinée la lui promet,
son étoile va infailliblement l'y conduire...... C'est ainsi que l'égare la
superstition la plus grossière, et que
sa ruine, reculée de quelques ins-
tans, en devient toujours plus certaine.
On assure que dans le pays où ce jeu
a pris naissance, en Italie, c'est une ma-
lédiction populaire de souhaiter un
terne à ses ennemis. C'est que l'expé-

rience a fait connoître que les lots ne
sont que des présens illusoires ; qu'ils
sont même l'amorce la plus redoutable ;
que, bientôt rentrés dans les mains de la
Loterie, ils entraînent avec eux le bien
de l'imprudent joueur, et que par-là
les faveurs de ce jeu deviennent plus
cruelles encore que ses disgraces.

Et quand les bienfaits de la Loterie ne
retourneroient pas ainsi à leur source,
oseroit-on célébrer les prétendus heureux qu'elle fait ? Pourroit-on ne pas
gémir sur le scandale de sa faveur, sur
la publique immoralité de ses dons? Et
en voyant ces fortunes inopinées se
précipiter tout-à-coup au sein de l'indigence, étourdir le pauvre, bien loin
de le rendre heureux, le plonger dans
le vice et dans l'extravagance, et pré-
senter aux yeux d'une multitude avide,
des exemples perfides et corrupteurs,
ne faudroit-il pas reconnoître que ces
aveugles et stupides bienfaits sont eux-
mêmes un des crimes de la Loterie?

L'on s'est permis de dire, on a osé imprimer que la Loterie, quelle que soit sa nature, présente pourtant des consolations au pauvre ; qu'elle est l'unique voie ouverte à une grande fortune ; que cette espérance est seule un bonheur qu'on ne doit pas lui ravir ; qu'enfin la destruction de la Loterie exciteroit infailliblement les regrets de la multitude...... Étrange renversement de toute raison ! La Loterie ne fît-elle qu'entretenir dans la classe du peuple le désir immodéré d'une fortune rapide, elle mériteroit, par cela seul, d'être proscrite, parce que ce désir est ennemi de tout bien, et qu'éveillant sans cesse dans l'esprit du pauvre l'idée d'une richesse imaginaire, elle renfonce à chaque instant dans son cœur le sentiment amer de sa misère. Mais il est démontré que la Loterie est essentiellement vicieuse, et que, sous tous les rapports, elle corrompt le peuple et le rend malheureux : qu'importent donc les vains regrets et les folles espérances auxquelles il s'abandonne ? Si, dans son délire, il méconnoît ses intérêts, il faut l'y rappeler malgré lui ; il faut travailler à son bonheur, au risque d'essuyer ses premiers murmures ; opposer la sage prévoyance de l'avenir aux illusions du moment qui l'égarent, et combattre avec une rigueur bienfaisante, des désirs qui font nécessairement son malheur.

Gouverner les hommes, c'est connoître leurs vrais besoins, et non pas obéir à leurs caprices déréglés. L'art de gouverner ne seroit-il donc plus l'expression de la raison publique, faite pour contenir les écarts de la raison des particuliers ?

On craint que, si les Loteries sont supprimées en France, les joueurs, toujours avides de gain et de fortune, n'aient recours aux Loteries étrangères, qui par-là, dit-on, s'enrichiront de nos pertes.

Que ces craintes sont futiles ! Qui
ne voit qu'après avoir prononcé la destruction des Loteries nationales , le
législateur , libre alors de s'expliquer
sévèrement sur la perversité de ce jeu,
se hâtera de purger ses États de tous
débitans de billets étrangers et de leurs
complices ? Quelle ressource restera-t-il
donc à l'avidité des joueurs ? D'envoyer
leur argent dans le pays étranger ? Sans
doute on ne pensera pas que le peuple
entretienne de pareilles correspondan-
ces, et c'est sur-tout le peuple pour
qui la Loterie est un grand fléau. Quant
aux autres joueurs, une défense sévère
faite à tout banquier de prêter son mi-
nistère pour ce jeu réprouvé, les met-
tra dans l'impossibilité de s'y livrer ;
mais cette précaution-là même sera à
peine nécessaire ; et lorsque la cause
véritable n'existera plus , on ne doit
pas craindre de voir s'opérer, en faveur
de la Loterie, ce miracle politique , que
l'effet subsiste toujours. Qu'il faut peu

* C iv

connoître la nature de l'homme, pour
ne pas sentir que la passion de la Loterie
tient essèntiellement aux agens qu'on
emploie pour le séduire ; qu'elle ne cap-
tive avec tant d'empire l'imagination,
que parce qu'elle parle continuelle-
ment aux sens !... Que l'on se hâte donc
de fermer ces bureaux nombreux, toujours ouverts , toujours affamés ; qu'il
soit défendu d'étaler tout cet appareil
de billets préparés , de roues de fortune, ces inscriptions décevantes, ces
rubans enlacés , prétendue livrée de
l'espérance et du bonheur ; qu'on ren-
voie ces crieurs publics , dont le lan-
gage absurde distrait tous les citoyens ;
que tous ces prestiges disparoissent ;
que toutes ces ruses s'anéantissent, et
l'imagination laissée à elle seule, s'ap-
paisera bien vîte ; et l'ardeur la plus
effrénée se dissipera avec les illusions
qui l'entretiennent.

Ainsi tombent tous les raisonne-
mens , tous les vains prétextes dont

on a voulu pallier les vices de cètte institution. Il faut sans doute, puisqu'elle
subsiste encore malgré tant de titres
de proscription, il faut que des motifs
d'un autre ordre l'aient protégée jusqu'à ce jour ; il faut que l'on se soit
laissé éblouir par l'espèce de profit
qui semble en résulter , et qu'on ait
été effrayé sur-tout par la difficulté de
remplacer ce profit apparent.

Il est pénible de descendre dans la
discussion de pareils motifs, après avoir
montré l'influence de la Loterie sur les
mœurs, la fortune et le bonheur de tant
de citoyens ; mais il importe de dissiper
entièrement cette dernière illusion, en
réduisant à sa juste valeur ce prétendu
bénéfice.

Les Loteries produisent au trésor
royal environ neuf millions. La recette
est beaucoup plus considérable, et s'é-
lève au moins à douze ; mais les frais de
toute espèce sont énormes , et absor-
bent plus d'un quart de cette recette.
Il y a plus : les Loteries nationales

elles-mêmes ne reçoivent pas toutes les mises pour leur compte. On sait qu'il existe dans les pays étrangers plus de vingt Loteries qui entretiennent des distributeurs de leurs billets à Paris, et lèvent ainsi tous les mois un tribut sur la Nation, en promettant de payer les chances un peu plus cher que ne fait la Loterie royale. Ce sont de nouvelles sources de misère et de corruption ; et l'État n'en sera délivré qu'au moment où sera anéantie la Loterie royale de France, qui protège à son insçu tous ces désordres.

Pour opérer une recette de neuf millions, il faut donc d'abord que le public ait perdu douze millions ; et en n'évaluant qu'à trois millions par an ce qui est enlevé par les Loteries étrangères, ou même par des particuliers qui jouent sous le manteau de la Loterie royale (évaluation sans doute bien modérée), il résulte plus de quinze millions de perte annuelle, perte entièrement incalculable dans sa progression physique et ses conséquences morales, et qui est sacrifiée , contre toute raison, à neuf millions de revenu pour le Trésor royal........ A neuf millions de revenu!........ Non , je ne crains point d'affirmer que ce revenu n'est point un bénéfice réel; qu'il est entièrement fictif et illusoire, et que la perte de l'aisance générale et du bonheur public est la seule réalité que présente la Loterie. Tout est chimérique ou stérile dans ce funeste établissement, depuis les illusions du joueur, jusqu'au produit du bénéfice pour le fisc. Qui pourra calculer les non-valeurs de toute espèce qu'opère la Loterie? Combien de millions sont détruits par ces neuf millions? Combien de branches de revenu public sont desséchées ? Combien de richesses véritables sont taries dans leur source, et par les vices qu'engendre ce fléau, et par la stérilité dont il frappe tout ce qu'il touche? Qu'au lieu d'être dissipés par le peuple, et enlevés par les étrangers , les quinze millions qui ont produit en apparence neuf millions au trésor de l'État , soient employés , d'une part , à augmenter les consommations journalières des citoyens ; de l'autre , à accroître leurs facultés et leur industrie , n'est-il pas sensible que , de cette nouvelle et légitime destination, le trésor public lui-même doit s'enrichir ? N'est-il pas incontestable qu'il doit en résulter d'abord une augmentation de revenu public en raison d'une plus grande consommation , et puis un fonds de richesse nationale toujours croissant par l'industrie du peuple dont l'aisance laborieuse entretient tous les canaux de la fortune publique? Il faut se reporter sans cesse à cet axiome éternel de toute constitution , que la richesse d'un État s'identifie sous tous ses rapports avec celle des citoyens ; que l'une et l'autre n'est que l'excès des produits sur les consommations ; que l'une se compose nécessairement par l'autre ; qu'elle ne peut même avoir d'autre principe, d'autre source ; et que par conséquent , tout ce qui ruine les peuples , appauvrit aussi le trésor public.

C'est donc bien faussement que l'on a regardé comme un revenu véritable les neuf millions de la Loterie , fruits malheureux de tant de ruines et de désastres : et ce revenu, quand il seroit aussi réel qu'il est illusoire , pourroit-il être conservé ? Ne sera ce pas un principe inviolable pour les Représentans de la Nation , que , s'il est nécessaire de réduire considérablement le *déficit*, par la suppression de toute dépense inutile , il est d'une justice non moins exacte de l'accroître sur certains points, par la proscription de toute recette illégitime ? Et en fut-il jamais de plus illégitime, que celle qui provient de la Loterie ? En fut-il de plus féconde en calamités ? Au prix de neuf millions , arrachés à la misère par les moyens les plus honteux et les plus profondément injustes, que voit-on en effet tous les ans ? Des races éteintes ; les hôpitaux, les prisons peuplés de nouvelles victimes ; le peuple découragé, corrompu, appauvri ; des milliers de citoyens dépravés par la cupidité, égarés par des illusions, aimant mieux rêver leur fortune que s'occuper des moyens de la faire ; les uns perdant dans de vains calculs leur intelligence et leur raison ; d'autres livrés tour-à-tour à des angoisses cruelles, à des desirs criminels : les banqueroutes se déclarent ; les suicides se commettent ; les crimes se succèdent.... Qui osera penser que neuf millions, même véritables, mais provenant d'une source aussi corrompue, puissent racheter tant de malheurs aux yeux de la Nation assemblée ?

Ces raisons qui sollicitent avec force la proscription de la Loterie, ces raisons que consacrent les vœux les plus purs de la Nation, et que nous n'avons fait que recueillir au sein de l'opinion générale, nous ont paru, dans leur rapprochement, pouvoir être offertes au public. Nous avons pensé que le développement de ces idées, quelqu'imparfait qu'il soit, pourroit peut-être concourir à accélérer la ruine de ce funeste établissement : car en appellant de plus en plus l'attention publique sur les maux dont il est la source ; en mettant sous les regards de tous les citoyens ses dangers et ses ravages ; en les pénétrant de son injustice et de son immoralité, non-seulement on détruit l'illusion qui en est le premier soutien, mais on peut même espérer d'accroître et d'affermir à tel point dans les esprits la juste indignation qu'il inspire, que chacun soit prêt à s'imposer des sacrifices, s'ils sont nécessaires, pour être délivré à jamais de ce fléau, qui trop long-temps a fait le malheur de la Nation.

www.ingramcontent.com/pod-product-compliance
Lightning Source LLC
Chambersburg PA
CBHW060742280326
41934CB00010B/2316